Für die drei Wurzeln, die mir stets Kraft gaben:
Für meine guten Freunde Albert und Jofre, die mit mir ihre Lieblingsbäume
und viele schöne Stunden teilten. Und für Laura Force, robust wie die Eiche,
für ihre botanischen Kenntnisse und ihre Freundschaft. — Laura

Für meine Eltern, die mir beigebracht haben, Bäume zu umarmen und
so stark wie sie zu sein. Und für alle Menschen in meinem Leben, mit
denen ich einen Waldspaziergang unternommen habe. — Rena

Dieses Buch ist auf
Papier aus
nachhaltiger
Forstwirtschaft
gedruckt.

5 4 3 2 1   29 28 27 26 25
ISBN 978-3-649-64727-0

Deutsche Ausgabe:
© 2025 Coppenrath Verlag GmbH & Co. KG,
Hafenweg 30, 48155 Münster, Germany
CH: Baumgartner Bücher AG,
Industrie Nord 9, 5634 Merenschwand
Alle Rechte vorbehalten. Die Nutzung des Werkes für das Text-
und Data-Mining nach § 44b UrhG ist dem Verlag ausdrücklich
vorbehalten und daher verboten.
Deutscher Text: Annika Klapper
Illustrationen: Rena Ortega
Lektorat und Satz: Melanie Rhauderwiek, lektography
www.coppenrath.de

Titel der spanischen Originalausgabe:
ARBOLES — Vida Secreta
© Illustrationen: Rena Ortega 2025
© Text: Laura Fraile 2025
© Mosquito Books Barcelona, SL, 2025
www.mosquitobooksbarcelona.com

DIE GEHEIME WELT DER BÄUME

LAURA FRAILE • RENA ORTEGA

AUS DEM SPANISCHEN ÜBERSETZT
VON ANNIKA KLAPPER

COPPENRATH

WALDRIESEN

Bäume sind beeindruckende Lebewesen. Um sie zu erforschen, müssen wir hinaufschauen — und wenn wir unter ihnen stehen, fühlen wir uns ganz klein. Bäume sind immer in unserer Nähe: in Wäldern, in Parks und Gärten, sogar am Straßenrand. Sie spenden Schatten und tragen Früchte, sie bieten Tieren Schutz und erfreuen uns Menschen mit ihrem Anblick. Aber kannst du sämtliche Baumarten in deiner Umgebung benennen? Und weißt du, was sie alles für dich und unsere Erde leisten?

Bäume sind Pflanzen mit einem dicken Stamm aus Holz, der in der Fachsprache (der Dendrologie) „Schaft" genannt wird. Ab einer bestimmten Höhe verzweigt sich dieser Stamm in mehrere Äste. Ein besonderes Merkmal ist zudem die schwindelerregende Höhe, in die Bäume wachsen. Manche sind größer als andere, doch die Mehrheit von ihnen erreicht ausgewachsen eine Höhe von mindestens drei Metern.

Rotbuche
(Fagus sylvatica)

- Blätter
- Äste
- Krone
- Baumstamm
- Wurzeln

Bäume haben großen Einfluss auf das Klima. Wälder gelten als die „Lungen der Erde": Sie nehmen wärmespeicherndes Kohlendioxid (CO_2) aus der Atmosphäre auf und sorgen für eine große Artenvielfalt. Und trotzdem wissen die meisten Menschen kaum etwas über sie.

KLASSIFIZIERUNG VON BÄUMEN

Bäume zählen wie viele Landpflanzen zur großen Gruppe der Gefäßpflanzen *(Tracheophyta)*, die sich wiederum in zwei Gruppen unterteilen lassen: Bedecktsamer (auch als „Blütenpflanzen" bezeichnet) und Nacktsamer, deren Samen nicht wie bei den Bedecktsamern in einem Fruchtknoten eingeschlossen sind. Hier siehst du einige Baumfamilien dieser zwei Gruppen:

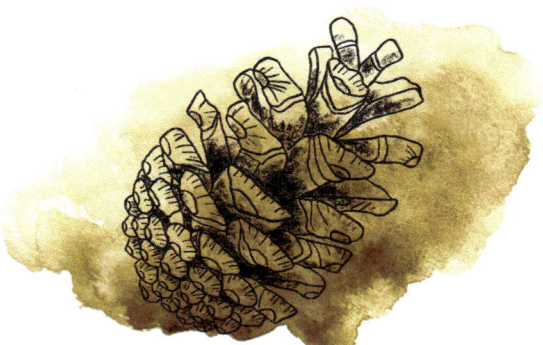

NACKTSAMER

Sie bilden keine Früchte aus, aber sehr wohl Samen. Ein Beispiel hierfür ist die **Pinie** *(Pinus pinea)*: Die Samen (Pinienkerne) liegen zwischen den geöffneten, verholzten Fruchtblättern des Pinienzapfens.

KIEFERNGEWÄCHSE

Kieferngewächse können Harz absondern. Die Blätter sind nadel- oder schuppenförmig. Zu den Kieferngewächsen zählen unter anderem die Pinie und die Tannen.

EIBENGEWÄCHSE

Die Samen der Eibengewächse sind mit einer fleischigen, meist farbintensiven Schicht bedeckt, die an eine Frucht erinnert. Die Bäume sind mittelgroß und immergrün. Die hierzulande bekannteste Art ist die **Europäische Eibe** *(Taxus baccata)*.

BEDECKTSAMER

Die meisten Landpflanzen sind Bedecktsamer und bilden Blüten aus, in denen die Samenanlagen geschützt, also bedeckt, liegen.

BUCHENGEWÄCHSE

Diese große Baumfamilie zeichnet sich durch die für sie typischen Früchte, die Nüsse, aus, wie etwa die eiförmigen Eicheln oder die von einer stacheligen Hülle umgebenen Esskastanien.

ROSENGEWÄCHSE

Zu dieser Pflanzenfamilie zählen viele der uns bekannten Obstbäume wie Apfel, Kirsche und Pflaume. Die Blüten sind besonders farbenprächtig.

ULMENGEWÄCHSE

Hierbei handelt es sich um eine kleine, alte Familie innerhalb der Bedecktsamer von hohem wissenschaftlichem Wert, wenn es um die Evolution, also die frühere Entwicklung, von Bäumen geht.

WEIDENGEWÄCHSE

Laubabwerfende oder immergrüne Bäume, die für ihr biegsames Holz bekannt sind. Dazu zählt die **Trauerweide** *(Salix babylonica)* mit ihren langen, hinabhängenden Blättern.

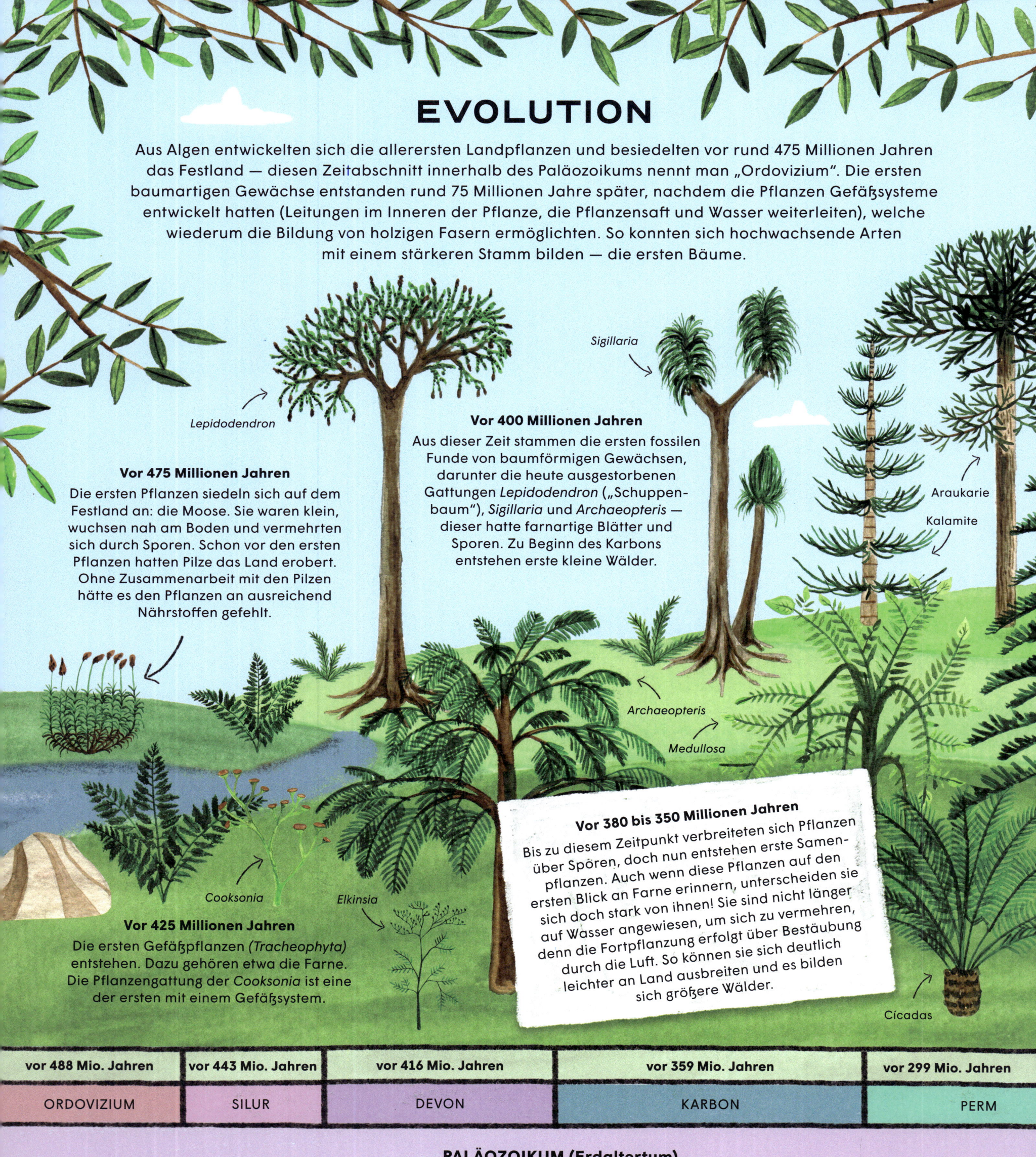

Koniferen
Ginkgos
Palmfarne
Nacktsamer

Einkeimblättrige
Zweikeimblättrige
Magnoliengewächse
Basale Ordnungen
Bedecktsamer

Samenpflanzen
Farne
Schachtelhalme

Bärlappgewächse
Gefäßpflanzen

Hornmoose
Laubmoose
Lebermoose
Moose

Landpflanzen

Charophyta
Chlorophyta

Grünalgen
Grünpflanzen
Rotalgen
Glaucophyta

PFLANZEN

Cyanobakterien
Protozoen

Nadelbäume und Bedecktsamer bilden im Laufe der Zeit neue Arten aus, und so entstehen die Wälder, wie wir sie heute kennen.

Walchia

Vor 280 Millionen Jahren
Fossile Funde zeugen von nacktsamigen Pflanzen: Palmfarnen, Ginkgos und den ersten Nadelbäumen. Die Wälder weiten sich aus und werden dichter und artenreicher. Fossile, also versteinerte, Koniferen (Nadelbäume) wie *Walchia* sind zahlreich zu finden.

Vor 140 Millionen Jahren
Zur Hochzeit der Dinosaurier, in der Kreide, entstehen die ersten Bedecktsamer. Zu den ältesten Vertretern dieser Gruppe zählen die Magnoliengewächse.

In den letzten 100 Millionen Jahren
Die Bedecktsamer verbreiten sich im Laufe der nächsten Millionen Jahre und sind heute die größte Gruppe der Landpflanzen. Dass sie Blüten und Früchte tragen, sorgt — bis heute — für eine leichtere Fortpflanzung und Verbreitung. Entscheidend für den Erfolg der Bedecktsamer war die gleichzeitige Entwicklung von spezialisierten Tierarten, die als Bestäuber dienen und die Samen forttragen.

Magnolie

vor 251 Mio. Jahren	vor 199 Mio. Jahren	vor 145 Mio. Jahren	vor 66 Mio. Jahren bis heute
TRIAS	JURA	KREIDE	PALÄOGEN — NEOGEN — QUARTÄR
MESOZOIKUM (Erdmittelalter)			KÄNOZOIKUM (Erdneuzeit)

REKORDE

Bäume sind faszinierende Organismen und einige Exemplare unter ihnen stellen beeindruckende Rekorde auf. Hier erfährst du, was Bäume alles erreichen können!

BIS IN DEN HIMMEL

Der höchste derzeit bekannte Baum ist ein Exemplar des **Küstenmammutbaumes** (*Sequoia sempervirens*) namens „Hyperion". Er steht in Kalifornien (USA) und misst knapp 116 Meter. Küstenmammutbäume zählen zu den größten und höchsten Baumarten der Welt.

PLATZ 2:
„Centurion" (ein **Riesen-Eukalyptus,** *Eucalyptus regnans*) mit 100 Metern — dieser Eukalyptus ist in Tasmanien (Australien) beheimatet und der höchste Bedecktsamer der Welt.

EIN URGESTEIN DER BÄUME

Der älteste Baum der Welt ist der sogenannte „El Gran Abuelo" (zu Deutsch: Urgroßvater), eine **Patagonische Zypresse** (*Fitzroya cupressoides*). Sie wächst in Chile und ist ungefähr 5500 Jahre alt. Das heißt, diese Zypresse existierte bereits, als die Menschen in Mesopotamien die Schrift erfanden!

PLATZ 2:
„Methuselah" (eine **Langlebige Kiefer,** *Pinus longaeva*) mit 4853 Jahren

Küstenmammutbaum „Hyperion" (*Sequoia sempervirens*)

Riesen-Eukalyptus „Centurion" (*Eucalyptus regnans*)

Patagonische Zypresse „El Gran Abuelo" (*Fitzroya cupressoides*)

Langlebige Kiefer „Methuselah" (*Pinus longaeva*)

Riesenmammutbaum
„General Sherman Tree"
(Sequoiadendron giganteum)

Ahahuete-Baum
„El Gigante"
(Taxodium mucronatum)

GIGANTISCHER STAMM

Der Baum mit dem dicksten Stamm ist ein **Ahahuete-Baum** *(Taxodium mucronatum)* im mexikanischen Santa María del Tule, genannt „El Gigante" (zu Deutsch: Der Riese). Sein Stamm hat einen Umfang von rund 40 Metern, die Krone misst etwa 58 Meter und er ist 42 Meter hoch. Um seinen Stamm einmal zu umrunden, müssten sich mindestens 30 Menschen an den Händen halten. Und in seinem Schatten hätten 500 Menschen Platz!

PLATZ 2:
„Sagole Baobab" (ein **Afrikanischer Affenbrotbaum**, *Adansonia digitata*) mit einem Stammumfang von 32,8 Metern

Banyan-Feige „Thimmamma Marrimanu"
(Ficus benghalensis)

Afrikanischer Affenbrotbaum „Sagole Baobab"
(Adansonia digitata)

EIN BAUMRIESE

Der massereichste lebende Baum der Erde ist der „General Sherman Tree", ein **Riesenmammutbaum** *(Sequoiadendron giganteum)* im Giant Forest, Kalifornien (USA). Zwar ist er weder der breiteste noch der höchste Baum, doch insgesamt betrachtet hält dieses Exemplar den Rekord des mächtigsten Baumes weltweit.

MEIN SCHATTEN IST FÜR ALLE DA!

Der Baum mit dem flächenmäßig größten Kronendach ist der indische „Thimmamma Marrimanu", eine **Banyan-Feige** *(Ficus benghalensis)*, deren Krone 19.000 Quadratmeter umfasst. Zwar handelt es sich um *einen* Organismus, doch bildet dieser Feigenbaum Luftwurzeln aus, die bis zum Boden reichen und ihn zusätzlich abstützen. So wirkt der Baum wie ein ganzer Wald!

BAUMKRONEN-FORMEN

Baumkronen können viele verschiedene Formen haben. Sogar die Kronen innerhalb einer Baumart unterscheiden sich teils deutlich voneinander. Die Form hängt davon ab, in welcher Region ein Baum steht, ob er allein oder umgeben von anderen Bäumen wächst und von vielen anderen Dingen. Hier lernst du die häufigsten Kronenformen kennen.

Silber-Pappel *(Populus alba)*
Diese Pappel kann sehr breit und bauschig sein, aber auch säulenförmig wachsen.

Breite Säulenform

Europäische Lärche *(Larix decidua)*
Diese Lärche ist die einzige europäische Konifere, die im Winter ihre Nadeln verliert. Ihre Form ist unregelmäßig pyramidenförmig.

Küsten-Tanne *(Abies grandis)*
Diese Tanne kann bis zu 100 Meter hoch werden und ist einer der höchsten Nadelbäume der Erde. Sie stammt aus Nordamerika und wächst spitz kegelförmig.

Kegelförmig

Schwarzkiefer *(Pinus nigra)*
Jüngere Schwarzkiefern sind kegelförmig, doch ältere Exemplare können auch unregelmäßigere Säulenformen annehmen.

Unregelmäßig kegelförmig

Unregelmäßig

Atlas-Zeder *(Cedrus atlantica)*
Die Krone dieser Zeder ist meist locker kegelförmig, doch im Alter kann sich diese verkürzen und unregelmäßiger werden, die Zweige hängen dann eher nach unten, sodass der gesamte Baum krumm und schief aussieht.

Antarktische Scheinbuche *(Nothofagus antarctica)*
Dieser patagonische Baum mit recht unregelmäßiger Wuchsform ist in Argentinien sowie Chile beheimatet.

Echte Feige *(Ficus carica)*
Die Krone der Echten Feige ist, insbesondere im Alter, sehr ausladend und häufig unregelmäßig geformt.

WAS IST PFLANZENSAFT?

Das ist die Flüssigkeit, die eine Pflanze, zum Beispiel einen Baum, am Leben hält — im Grunde wie das Blut bei Menschen. Der Pflanzensaft enthält Wasser und Nährstoffe und sogar pflanzliche Hormone.

Wasser und Mineralien: Diese werden über das Xylem im Splintholz von den Wurzeln bis in die Blätter geleitet.

Zucker und Nährstoffe: Diese werden über das Phloem im Bast transportiert.

DAS GEFÄSS-SYSTEM VON BÄUMEN

Wie wir Menschen verfügen auch Bäume über ein Leitsystem im Inneren, das für sie lebenswichtig ist. Das Gefäßsystem von Pflanzen ähnelt im Aufbau unserem Blutkreislauf: Es handelt sich um ein Netz verschiedener Gewebearten zum Transport von Wasser, Nährstoffen und anderen wichtigen Substanzen. Die zwei wichtigen Leitbündel von Pflanzen heißen Xylem und Phloem. Das Xylem verläuft bei Bäumen im Splintholz, das Phloem im Bast.

- Borke
- Bast mit Phloem
- Kambium
- Splintholz mit Xylem

Die aktive lebende Schicht, das Kambium, erzeugt nach innen die festen Holzfasern, die den Baum stützen, und nach außen die Borke, die den Baum vor Umwelteinflüssen und Feinden schützt.

DIE RÜSTUNG DER BÄUME

Die äußeren Schichten des Stammes bilden eine Art „Rüstung". Das, was wir allgemein als „Rinde" bezeichnen, ist in Wirklichkeit die Borke — diese sichtbare Außenschicht schützt den Baum und erneuert sich regelmäßig.

FLIESSRHYTHMUS

Zwar fließen Pflanzensäfte ohne Unterlass durch die Gefäße eines Baumes, doch die Bäume, die in Gegenden mit wechselnden Jahreszeiten wachsen, passen den Fluss an diese an. Im Frühling und Sommer fließt der Pflanzensaft reichlich, doch im Herbst verlangsamt er sich und im Winter kann er sogar ganz zum Stillstand kommen.

Korkwarze
Borke
Markstrahlen
Kambium
Bast (mit Phloem)
Splintholz (mit Xylem)
Kernholz

WACHSTUM IN DIE BREITE

Das Kambium ist eine Gewebeschicht zwischen Splintholz und Bast. Es bildet neue Schichten Holz nach innen und neue Schichten Bast und Borke nach außen aus. So nimmt der Durchmesser des Baumes nach und nach zu.

VERTEILUNG DES LEBENSWICHTIGEN SAFTS

Die Leitbahnen des Basts transportieren Zucker und andere organische Substanzen von den Blättern, wo sie gebildet werden, und von Speichern zu anderen Teilen des Baumes. Dieses Gewebe besteht aus lebendigen Zellen, die miteinander verbunden sind, und leitet Nährstoffe sowohl von oben nach unten als auch von unten nach oben.

WASSER AUS DEM BODEN AUFSAUGEN

Das Wasserleitsystem des Splintholzes transportiert Wasser und mineralische Salze von den Wurzeln bis in die Äste und Blätter des Baumes. Es besteht aus abgestorbenen, lang gestreckten Zellen mit dicken verholzten Wänden.

DER SCHWERKRAFT TROTZEN

Das Wasser, das Bäume über ihre Wurzeln aufnehmen und bis in ihre Blätter leiten, trotzt der Erdanziehungskraft. Warum fällt es nicht zu Boden? Das liegt daran, dass Bäume über Poren in den Blättern Flüssigkeit ausscheiden (man sagt „schwitzen"). Tritt ein Teil des Wassers über diese sogenannten Spaltöffnungen aus, entsteht ein Sogeffekt, so als würde jemand an einem Strohhalm saugen. Frisches Wasser wird dadurch nach oben gesogen.

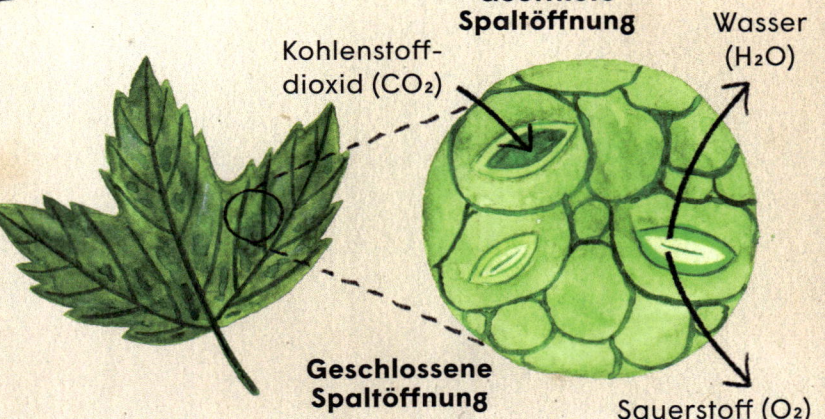

Kohlenstoffdioxid (CO_2) — Geöffnete Spaltöffnung — Wasser (H_2O) — Geschlossene Spaltöffnung — Sauerstoff (O_2)

LAUBABWERFENDE BÄUME

Laubabwerfende Bäume wachsen unter anderem in den gemäßigten Klimazonen unserer Erde, die den Jahreszeiten unterliegen. Mit der einsetzenden Kälte im Herbst verlieren die Bäume ihre Blätter und bereiten sich auf den Winter vor — ein wunderschönes, farbenprächtiges Naturschauspiel. Es ist fast so, als würden die Bäume Winterschlaf halten. Sie sparen ihre Kräfte und freuen sich auf den Frühling, um neue Knospen auszutreiben!

Sibirische Lärche (Larix sibirica)
Rot-Ahorn (Acer rubrum)
Hänge-Birke (Betula pendula)
Stieleiche (Quercus robur)
Amerikan. Zitterpappel (Populus tremuloides)

DIE FARBEN DES HERBSTES

Hast du dich auch schon einmal gewundert, warum der Herbst so herrlich bunte Blätter bringt? Mit Beginn der kälteren Jahreszeit werfen Bäume ihr Blätterkleid ab, um zu verhindern, dass sie bei Frost verdursten. Doch bevor Bäume ihre Blätter verlieren, entziehen sie ihnen wertvolle Nährstoffe und speichern diese, bis sie sie im Frühling erneut verwenden. Unter anderem bauen sie das Chlorophyll (Blattgrün) ab, um an das darin enthaltene Magnesium zu gelangen. Sobald das Blattgrün abgebaut ist, werden all jene Farbpigmente in den Blättern sichtbar, die uns das restliche Jahr über verborgen bleiben. Diese sorgen für die Vielfalt an Gelb- und Rottönen im Herbst. Man könnte meinen, die Bäume verabschieden sich mit diesem Farbschauspiel vom Sommer!

IMMERGRÜNE BÄUME

Wie der Name schon sagt, bleiben immergrüne Bäume das ganze Jahr hindurch grün. Zwar werfen sie ihre Blätter auch ab, um sie durch neue zu ersetzen, jedoch geschieht das nach und nach und nicht zu einem festen Zeitpunkt im Jahr wie bei den laubabwerfenden Bäumen. Immergrüne Bäume wachsen in gemäßigten Klimazonen, aber auch in tropischen.

Mittelmeer-Zypresse (Cupressus sempervirens)
Gemeine Fichte (Picea abies)
Schwarzkiefer (Pinus nigra)
Atlas-Zeder (Cedrus atlantica)

GINKGO, EIN LEBENDES FOSSIL

Der **Ginkgo** *(Ginkgo biloba)* ist ein faszinierender Baum: Seit 200 Millionen Jahren wächst er auf unserem Planeten und hat sich in dieser Zeit kaum verändert. Seine Evolution verläuft so langsam, dass er uns praktisch zurückversetzt in das Erdmittelalter (Mesozoikum). Derartige Organismen, die sich auch über Millionen von Jahren fast nicht verändern, nennt man „lebende Fossilien", denn obwohl sie heutzutage noch leben, gibt es gleichzeitig Fossilien von ihnen, die uns zeigen, dass sie seit Millionen Jahren existieren. Das heißt, es gab Ginkgo-Bäume bereits, als die Dinosaurier lebten! Der Ginkgo ist somit ein wahrer Schatz der Naturgeschichte!

Davidshirsch
(Elaphurus davidianus)

ZEITZEUGEN

Ginkgo-Bäume gibt es nicht nur seit zweihundert Millionen Jahren, auch der einzelne Baum an sich ist äußerst langlebig: Er kann über tausend Jahre alt werden. Somit sind Ginkgos echte Zeitzeugen.

Tatsächlich ist *Ginkgo biloba* der einzige lebende Vertreter der *Ginkgoales*. Diese Art hat in den Wäldern des heutigen Chinas überlebt. Schon seit über tausend Jahren wird dieser besondere und erstaunliche Baum in Ostasien als Tempelbaum angepflanzt.

Obwohl der Ginkgo zu den nacktsamigen Pflanzen zählt, sieht er den Bedecktsamern ähnlich.
Bei dieser Baumart gibt es weibliche und männliche Bäume. Die männlichen Blüten haben das Aussehen von Kätzchen, die weiblichen Samenanlagen sind stielförmig und bilden im Inneren Eizellen aus. Nach der Befruchtung gehen daraus Samen hervor, die wie Mirabellen aussehen, aber keine sind — denn Nacktsamer bilden keine Früchte aus!
Bei dieser „Frucht" handelt es sich um einen Samen, der von zwei äußeren Schichten umgeben ist.

Feste, innere Schicht

Fleischige Außenschicht

EIN EINZIGARTIGER BAUM

Der Ginkgo ist wirklich einzigartig. Kein anderer Baum hat Blätter wie er. Ihre Form gleicht der eines Fächers, die Blätter sind durchwebt von unzähligen Adern, die ihnen ihr typisches Aussehen verleihen. Im Herbst bietet das Blattkleid des Ginkgos ein prächtiges Farbspektakel: Die fächerförmigen Blätter tauschen ihr kräftiges Grün gegen ein leuchtendes Gelbgold ein, bevor sie hinabfallen.

Pallashörnchen
(Callosciurus erythraeus)

Wasserreh
(Hydropotes inermis)

WURZELN

Die Wurzeln bilden das Fundament, auf dem der Baum während seines gesamten Lebens wächst. Sie verankern ihn fest im Boden, nehmen Wasser, Mineralien und Nährstoffe auf. Viele Baumarten leben zudem in Partnerschaft mit Bodenpilzen, um ihre Überlebenschancen zu verbessern.

Wurzeln sind sehr vielfältig. Jede Baumart besitzt spezielle Wurzeln, die sich der Umgebung, in der der Baum wächst, anpassen.

Südafrikanischer Hirtenbaum (Boscia albitrunca)

PFAHLWURZELN

Eichen, Ulmen oder auch der Afrikanische Affenbrotbaum bilden eine Hauptwurzel aus, die sich wie ein Pfahl in den Boden bohrt, von dem wiederum seitliche, kleinere Wurzeltriebe abgehen. Die Pfahlwurzeln sorgen für Stabilität und können Wasser und Nährstoffe aus den tiefer liegenden Erdschichten aufnehmen. Je trockener der Standort, desto tiefer reichen die Wurzeln.

Mesquite-Bäume (Prosopsis) aus Mexiko, **Einsamige Wacholder** (Juniperus monosperma) aus Amerika, **Südafrikanische Hirtenbäume** (Boscia albitrunca) oder die berühmten **Schirmakazien** (Vachellia tortilis) aus Afrika haben allesamt extrem tief- und weitreichende Wurzelgeflechte. Diese Bäume halten Trockenperioden gut aus. Berichten zufolge sollen die Wurzeln eines Hirtenbaumexemplars 68 Meter tief in die Erde reichen – ein echter Rekord!

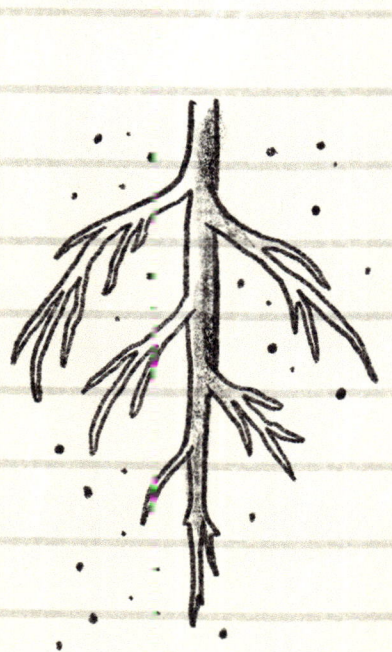

FLACHWURZELN

Eschen, Pappeln, Fichten und andere Baumgattungen haben keine Hauptwurzel, sondern ein Wurzelgeflecht, das sich dicht unter der Erdoberfläche ausbreitet und möglichst viel Fläche einnimmt. So können die Wurzeln sehr gut das Wasser aus den oberen Bodenschichten aufnehmen.

Die **Pinie** (Pinus pinea) verfügt zugleich über eine Pfahlwurzel, die sich tief in den Boden schiebt, und über flache Seitenwurzeln, die sich waagerecht ausbreiten — und das bis zu dreißigmal weiter, als die Baumkrone reicht!

STELZWURZELN

Diese Wurzeln sorgen für Standfestigkeit auf weichen oder überschwemmten Böden.

Der bekannteste Vertreter dieser Wurzelform ist die **Rote Mangrove** *(Rhizophora mangle)*. Mangrovenbäume sind verholzende Salzpflanzen, die den Gezeiten, starken Winden, Strömungen und instabilen Böden standhalten. Sie gedeihen im Brackwasser tropischer Küstenregionen, wo sich Süß- und Salzwasser mischen.

Die **Banyan-Feige** *(Ficus benghalensis)* bildet von ihren Zweigen aus Luftwurzeln. Diese fallen wie Lianen zu Boden, wo sie in die Erde eindringen und sich in Stelzwurzeln verwandeln.

LUFTWURZELN

Die **Würgefeige** *(Ficus aurea)* keimt auf dem Stamm oder Ast eines anderen Baumes, wächst weiter und bildet Luftwurzeln aus, die sich nach und nach um den Stamm des Trägerbaumes legen und diesen nutzen, um bis zum Erdboden zu gelangen. Sobald die Feigenwurzeln Wasser und Nährstoffe aus dem Boden ziehen, „erwürgen" sie den Trägerbaum. Dieser stirbt ab und die Feige verwandelt sich in einen eigenen, unabhängigen Baum.

BRETTWURZELN

Diese Wurzeln wachsen seitlich aus dem Stamm und werden zum Boden hin breiter. Sie verleihen dem Baum besondere Standfestigkeit. Der **Kapokbaum** *(Ceiba pentandra)* und andere tropische Baumarten haben solche Brettwurzeln, in Mitteleuropa findet man diese Wurzeln dagegen kaum.

DIE BUNTE BORKE DES REGENBOGENBAUMS

Zwar gibt es viele kräftige Farben im Reich der Pflanzen, doch wenige Bäume können mit der Schönheit und Farbvielfalt des **Regenbogenbaums** *(Eucalyptus deglupta)* mithalten. Ursprünglich stammt dieser Baum aus den tropischen Regenwäldern Südostasiens. Heute wächst er vorwiegend auf den Philippinen, in Indonesien und Papua-Neuguinea. Er gedeiht gut in diesen feuchten Gebieten und ist der einzige Eukalyptusbaum, der von Natur aus auch auf der nördlichen Erdhalbkugel wächst.

RINDENSCHICHTEN

Diese Art hat, wie alle anderen Eukalyptusbäume, eine sehr empfindliche, weiche Rinde. Aber der Regenbogenbaum ist der einzige Eukalyptus, der beim Erneuern seiner Rinde ein solches Farbspektakel liefert.

Der Regenbogenbaum verliert seine Borke in dünnen Schichten, die sich in langen Streifen ablösen, sodass die darunterliegende junge Rinde leuchtend grün durchscheint. Mit der Zeit bilden sich unterschiedliche Pigmente, welche der Rinde die verschiedensten Farbtöne verleihen: Gelb, Orange, Violett, Blau und Rosa.

Dieser Farbwechsel vollzieht sich nicht am gesamten Baum auf einmal, sondern die Streifen der Rinde lösen sich zu verschiedenen Zeitpunkten ab, sodass der Baumstamm wie ein buntes Mosaik aussieht: Zu dem Grün der frischen Rinde gesellen sich die vielen anderen Farbtöne.

Die Rinde dieses Eukalyptusbaumes sieht nicht nur spektakulär aus, sondern dient auch als Schutz gegen Feuer und Schädlinge, für die Eukalyptusbäume sehr anfällig sind.

Eukalyptusbäume wachsen erstaunlich schnell und erreichen in ihrem natürlichen Lebensraum Höhen von bis zu 60 Metern. Die Blätter enthalten ein aromatisch duftendes Öl, das lindernd bei Erkältungskrankheiten wirkt.

Eukalyptusbäume zählen eigentlich zu den tropischen Arten, doch sie werden von Menschen auch außerhalb ihres natürlichen Verbreitungsgebiets angepflanzt, sodass sie inzwischen weltweit zu finden sind. Den Regenbogenbaum schätzt man als hübsche Zierpflanze.

TROPISCHE REGENWÄLDER

Die tropischen Regenwälder sind unglaublich dichte Wälder, in denen es vor Lebewesen nur so wimmelt. Über die Hälfte der Wälder weltweit befinden sich in den Subtropen und Tropen in Äquatornähe — hier liegen nämlich die wärmsten und feuchtesten Gebiete. Es herrschen ideale Bedingungen für verschiedenste Pflanzen, die hier wachsen und gedeihen! Die großflächigen Regenwälder befinden sich in Zentral- und Südamerika, Zentralafrika, Asien und Ozeanien.

DAS PERFEKTE KLIMA FÜR GROSSE VIELFALT

Regenwälder zeichnen sich durch ein dauerhaft feuchtwarmes Klima aus. Regen fällt entweder das ganze Jahr über oder in einer sehr langen Regenzeit, wodurch sämtliche Pflanzen schnell und kräftig wachsen. Die Artenvielfalt dieser Wälder beschränkt sich natürlich nicht nur auf die Pflanzenwelt: Sie beherbergen über zwei Drittel der an Land lebenden Tier-, Pflanzen- und Pilzarten weltweit — und das, obwohl sie selbst nur etwa sechs Prozent der Erdoberfläche bedecken.

BODEN- UND KRAUTSCHICHT

In dieser untersten Schicht des Waldes wird totes organisches Material von Pilzen und Kleinstlebewesen zersetzt. Die Überreste nähren den Boden. Die Bodenschicht ist überaus wichtig für den Nährstoffkreislauf und sichert das Überleben im Regenwald.

KRONENDACH UND BAUMRIESEN

Hierbei handelt es sich sozusagen um das „Dachgeschoss" des Regenwaldes. Bis zu einer Höhe von etwa 40 Metern bilden die Bäume ein dichtes Blätterdach, das den Großteil des Sonnenlichts abbekommt. Darüber hinaus reichen bis zu 60 Meter hohe Baumriesen. Sie halten hohen Temperaturen und starken Winden stand.

UNTERE BAUMSCHICHT

Unterhalb des Kronendachs wachsen kleinere Bäume mit einer Höhe von acht bis 20 Metern. Hierhin gelangt nur ein Teil des Sonnenlichts.

DIE STOCKWERKE DES REGENWALDES

Die reiche Vegetation der tropischen Regenwälder lässt sich in horizontale Schichten oder „Stockwerke" unterteilen. Sämtliche Pflanzen kämpfen um das Sonnenlicht.

STRAUCHSCHICHT

Im Schatten der großen Bäume wachsen hier junge Bäume, Sträucher und Farne. Dieses Stockwerk reicht bis zu einer Höhe von etwa acht Metern.

FRISCHE LUFT

Diese Waldmassen spielen eine wichtige Rolle bei der Klimaregulierung der Erde. Die tropischen Regenwälder können unseren Planeten kühlen! Ist dir schon einmal aufgefallen, dass es unter Bäumen kühler ist als auf freier Fläche? Das liegt an einem Prozess namens „Transpiration", also Verdunstung. Pflanzen geben über Spaltöffnungen in den Blättern Wasser an die Umgebung ab. Verdampft dieses Wasser, nimmt es Wärme aus der Luft auf und erfrischt sowohl das Blatt der Pflanze als auch die Umgebung. Die riesigen tropischen Regenwälder haben also eine kühlende Wirkung, die für die gesamte Erde von großem Wert ist!

Und die Regenwälder können noch mehr: Sie sind nicht nur Teil des Wasserkreislaufes, sie nehmen auch große Mengen Kohlenstoffdioxid (CO_2) aus der Atmosphäre auf. Da zu viel CO_2 dazu führt, dass sich die Erde immer mehr erwärmt — man nennt das „Treibhauseffekt" —, können die Wälder dem menschengemachten Klimawandel entgegenwirken.

DIE GEHEIMNISSE DER JAHRESRINGE

Bäume haben ein „Gedächtnis": Jedes Jahr wird ihr Stamm etwas dicker. Die vergangene Zeit erkennt man an den Ringen im Querschnitt des Stammes, den Jahresringen.

DENDROCHRONOLOGIE

Dieses lange, komplizierte Wort besteht aus drei altgriechischen Wörtern: *dendro-* bedeutet „Baum", *chrono-* bedeutet „Zeit" und *-logie* bedeutet „Wissenschaft". Dendrochronologie heißt also: „die Wissenschaft vom Baumalter". Diese Lehre beschäftigt sich mit den Jahresringen, davon ausgehend, dass jeder Ring für ein Jahr steht. Anhand der Gesamtzahl der Jahresringe lässt sich somit das Alter des jeweiligen Baumes bestimmen.

Doch die Jahresringe verraten uns noch viel mehr: An ihnen lassen sich Entwicklungen des Waldes und des Klimas, in dem ein Baum wächst, ablesen.

JAHRESRINGE LESEN

Betrachtet man die Ringe im Stammquerschnitt genauer, erkennt man, dass nicht alle gleich aussehen. Die breiten, helleren Abschnitte entstehen in den regen- und nährstoffreichen Frühlingen und Sommern, in denen der Baum viel und schnell wachsen kann.

Erster Jahresring

Die dunklen, schmaleren Ringe entstehen im Herbst und Winter, wenn Kälte und Nährstoffknappheit das Wachstum des Baumes hemmen.

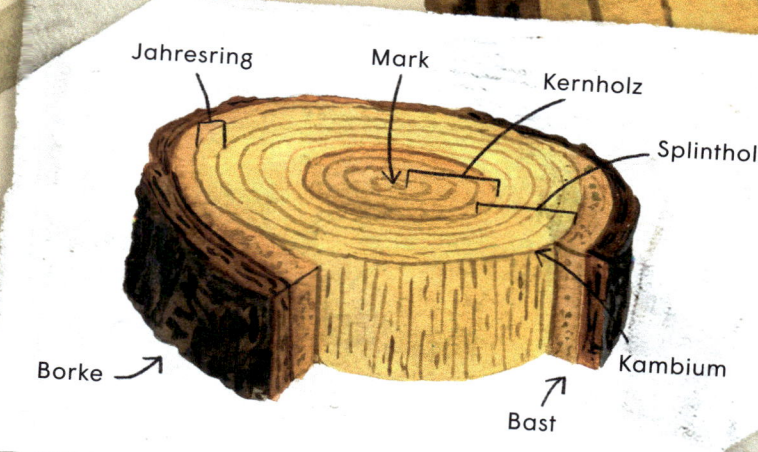

Jahresring — Mark — Kernholz — Splintholz — Borke — Kambium — Bast

Im Querschnitt des Baumes erkennt man außerdem Narben, die beispielsweise darauf hindeuten, dass Tiere an dem Holz genagt haben. Die Baumscheibe stellt für die Wissenschaft also ein natürliches Geschichtsbuch dar, das uns wie ein Tagebuch Jahr für Jahr vom Leben des Baumes berichtet.

MUSS MAN EINEN BAUM FÄLLEN, UM SEIN ALTER ZU ERFAHREN?

Nein! Zum Glück muss man keinen Baum fällen, wenn man wissen will, wie alt er ist. Forschende benutzen ein spezielles Werkzeug, den Zuwachsbohrer, mit dem sie dem Baum möglichst wenig schaden. Dieser Bohrer ist innen hohl und hat an der Spitze eine Schraubenwindung, mit der sich der Handbohrer ins Holz drehen lässt. Zieht man den Bohrer anschließend wieder aus dem Stamm, entnimmt man dem Inneren einen sogenannten Bohrkern, der die Jahresringe des Baumes enthält.

GIBT ES BÄUME OHNE JAHRESRINGE?

Die Bäume der tropischen Regenwälder sind den Wechseln der Jahreszeiten nicht so stark ausgesetzt wie die Bäume in gemäßigten Klimazonen. Meistens ist das Klima nämlich stabiler, die Wasserversorgung ist das ganze Jahr über gewährleistet und es gibt keine ausgeprägten Trockenzeiten. Deshalb haben die meisten Bäume hier keine oder nur sehr schwache Jahresringe.

PALMEN SIND KEINE BÄUME!

Das klingt vielleicht komisch, aber Palmen sind streng genommen keine Bäume. Denn ein Hauptmerkmal von „echten" Bäumen ist, dass ihre Stämme von unten an in die Breite wachsen. Baumstämme sind also am unteren Ende breiter als oben, wo sie sich verzweigen. Bei Palmen ist das anders: Ihre Stämme wachsen meist sehr gerade und der Umfang ist unten und oben (fast) gleich. Weil sie also anders als Bäume wachsen, haben Palmen auch keine sichtbaren Jahresringe.

Regenreiche Jahre erkennen wir an breiten hellen Ringen, während trockene Jahre lediglich schmale helle Ringe hinterlassen, da der Baum in diesen Jahren nicht so viel wächst.

Auch der sogenannte **Baum der Reisenden** *(Ravenala madagascariensis)* ist kein Baum, auch wenn das sein deutscher Name nahelegt.

JAPANISCHE BLÜTENKIRSCHE
(*Prunus serrulata*)

Diese Kirsche *(sakura* im Japanischen) ist bekannt für ihre Blütenpracht im Frühling. Die weißen oder rosafarbenen Blüten sind empfindlich und nur von kurzer Dauer. In ihrer Heimat symbolisiert die Japanische Blütenkirsche die Vergänglichkeit des Lebens und steht für Schlichtheit und Schönheit.

SILBER-AKAZIE
(*Acacia dealbata*)

Diese Akazie stammt ursprünglich aus Australien, hat sich jedoch in vielen anderen Gebieten der Welt verbreitet — so sehr, dass sie die heimischen Arten mittlerweile bedroht. Sie hat kleine, kugelförmige Blütenköpfe in leuchtendem Gelb.

MAGNOLIE
(*Magnolia grandiflora*)

Die Blüten der Magnolie sind groß und besonders schön, sie duften intensiv süßlich. Magnoliengewächse gibt es schon seit rund 100 Millionen Jahren, also noch bevor es Bienen gab! Ursprünglich übernahmen Käfer ihre Bestäubung. Die Blütenblätter sind dick und wachsen spiralförmig um die Blütenmitte — eine weitere Besonderheit dieser sehr alten Pflanzenart.

BLÜTEN

Die Fortpflanzungsorgane der Bedecktsamer sind die Blüten.

GEWÖHNLICHER KORALLENBAUM
(*Erythrina crista-galli*)

Dieser südamerikanische niedrig wachsende Baum ist auf Kolibris angewiesen: Sie trinken den Nektar aus seinen Blüten, wobei sich Pollen an ihren Federn festsetzt. Den Blütenstaub tragen die Kolibris weiter zur nächsten Blüte, sodass es zur Bestäubung kommt und sich der Baum fortpflanzen kann.

AFRIKANISCHER TULPENBAUM
(*Spathodea campanulata*)

Im Inneren der kelchförmigen Blüten dieses Baumes sammelt sich Regen- und Tauwasser, was wiederum durstige Vögel und Insekten anlockt — die Bestäuber.

PALISANDERHOLZBAUM
(*Jacaranda mimosifolia*)

Blüht dieser Baum, bietet er eine wahre Farbexplosion in Violett! Die leuchtenden Blüten sind glockenförmig und wachsen in Trauben. Der Palisanderholzbaum ist als Zierpflanze hochgeschätzt und weitverbreitet.

FRÜCHTE UND SAMEN

Sobald eine Blüte befruchtet wurde, entwickelt sich eine Frucht. Diese wiederum enthält einen Samen, aus dem eine neue Pflanze derselben Art wachsen kann. Nur die bedecktsamigen Pflanzen tragen Früchte, bei den Nacktsamern befinden sich die Samen in Zapfen.

WACHOLDERBEERE
(*Juniperus communis*)

Die sogenannten Wacholderbeeren sehen zwar wie Früchte aus, sind aber in Wirklichkeit keine! Der **Gemeine Wacholder** zählt zu den Nacktsamern und trägt Beerenzapfen (wie Tannenzapfen) mit ein bis drei Samen im Inneren.

OLIVE (*Olea europaea*)

Oliven sind die Früchte des **Olivenbaums.** Im Mittelmeerraum, zum Beispiel in Spanien, Portugal, Italien und Griechenland, baut man diesen uralten Baum an, um aus den Früchten das geschmacksintensive Olivenöl herzustellen — besonders lecker in Salaten!

PINIENKERN (*Pinus pinea*)

Diese Samen bilden sich im Inneren des Kiefernzapfens, denn die **Pinie,** auch „Mittelmeer-Kiefer" genannt, gehört zu den Nacktsamern und bildet keine Früchte aus. Die großen Samen sind essbar und von einer festen Schale umgeben.

GEFLÜGELTE NUSSFRUCHT (*Ulmus*)

Ulmen tragen diese Art geflügelte Früchte. Die Samen haben jeweils einen „Flügel", sodass der Wind sie weitertragen und verbreiten kann. Diese geflügelten Samen weisen je nach Ulmenart eine andere Form auf. Auch Ahornbäume und Eschen bilden Flügelfrüchte.

ORANGE (*Citrus sinensis*)
Der **Orangenbaum** und andere Obstbäume, wie beispielsweise Apfel-, Zitronen-, Kirsch- und Mangobäume, werden wegen ihrer leckeren Früchte vom Menschen angebaut.

AVOCADO (*Persea americana*)
Das Fruchtfleisch der **Avocado** ist sehr ölhaltig und die Frucht enthält einen großen Kern (Samen). Die schmackhafte Avocado ist inzwischen weltweit beliebt und wird in großem Stil angebaut — mit Folgen für die Natur: Für den Anbau werden große Waldflächen in Süd- und Mittelamerika abgeholzt. Außerdem verbraucht man dabei sehr viel Wasser.

EDELKASTANIE (*Castanea sativa*)
Die Früchte (Nüsse) befinden sich im Inneren einer stacheligen Schale. Diese enthält ein bis drei essbare Nüsse.

FEIGE (*Ficus carica*)
Das süße, saftige Fruchtfleisch des **Feigenbaums** enthält mehrere kleine Samen. In Wirklichkeit handelt es sich bei Feigen nicht um einzelne Früchte, sondern jede Feige setzt sich aus zahlreichen Früchten zusammen.

EICHEL (*Quercus robur*)
Die Eichel ist die Nussfrucht der Eichen, unter anderem der in Deutschland bekannten **Stieleiche.** Im Inneren trägt sie einen einzelnen Samen. Eichhörnchen verbuddeln Eicheln gern als Futtervorrat. Da sie aber nicht alle von ihnen wiederfinden, verbreiten sie so die Eicheln in der Umgebung.

MAMMUTBÄUME, DIE GIGANTEN DES WALDES

Mammutbäume sind zweifelsohne Waldriesen: Sie leben ausgesprochen lange und wachsen im Westen der Vereinigten Staaten. Die ältesten uns bekannten Mammutbäume sind 3000 bis 4000 Jahre alt!

Es gibt zwei Arten: **Küstenmammutbäume** *(Sequoia sempervirens)*, die zu den höchsten Bäumen zählen, und **Riesenmammutbäume** *(Sequoiadendron giganteum),* die die größte Masse haben.

KÜSTEN-MAMMUTBAUM

RIESEN-MAMMUTBAUM

Immergrüne lange, flache Nadeln

Die Oberseite ist dunkelgrün.

Die Unterseite hat zwei weiße Streifen.

Der Küstenmammutbaum wächst heute nur noch in kleinen Küstengebieten Kaliforniens, während er früher weiter verbreitet war. Man nimmt an, dass es heute — aufgrund von Rodung — nur noch vier Prozent des ursprünglichen Bestands dieses Nadelbaums gibt. Die höchsten Exemplare wachsen in tiefen, feuchten Tälern, wo sie vor Frost und starken Winden geschützt sind. Flache, nebelige Gebiete begünstigen das Wachstum dieser Baumriesen.

Die Rinde ist weich, faserig und rotbraun.

Der Stamm aus rauem, runzligem Holz kann Durchmesser von 25 Metern erreichen! Er ist somit der Baum mit der größen Stammmasse.

Der Riesenmammutbaum wird 50 bis 80 Meter hoch.

Kann höher als 100 Meter werden

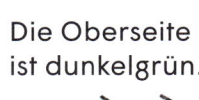
Immergrüne kleine, spitze Nadeln

Tiere wie das Douglas-Hörnchen tragen zur Verbreitung der Samen bei.

Der Riesenmammutbaum wächst im kalifornischen Inland, in Bergwäldern und in höheren Lagen als der Küstenmammutbaum, nämlich in rund 2000 Metern Höhe über dem Meeresspiegel. Hier sind die Sommer trocken und im Winter schneit es.

Riesenmammutbäume gehören zu den Baumarten, die von leichten Waldbränden profitieren. Nach 15 bis 20 Jahren bilden sie erstmals Zapfen aus. Die Zapfen öffnen sich jedoch nur bei Trockenheit und Hitze. Ein Waldbrand führt also dazu, dass sich besonders viele Zapfen öffnen und unzählige Samen in der Umgebung verteilen. Nach dem Brand keimen die Samen dann ohne Konkurrenz, da das Unterholz verbrannt ist.

Jeder weibliche Zapfen kann bis zu 250 Samen enthalten.

DIE WÄLDER UNSERER WELT

Wie eine grüne Decke liegen Wälder auf einem Drittel der Erdoberfläche. Im Laufe von Millionen von Jahren haben sich Bäume weltweit verbreitet und immer neue Arten hervorgebracht. Bis auf wenige Regionen — darunter Tundren und die Polargebiete — gibt es in allen Klimazonen Wälder. Manche befinden sich in feuchten Ufergebieten, andere an der Küste, wo die Böden trocken und salzhaltig sind. Es gibt Wälder sowohl in hohen Gebirgen als auch auf Höhe des Meeresspiegels. Einige sind große Teile des Jahres schneebedeckt, andere extremer Hitze ausgesetzt. Schauen wir uns an, in welchen Klimazonen Wälder wachsen!

OLYMPIC-NATIONALPARK
Washington, USA

WÄLDER DES KANADISCHEN SCHILDS
Kanada und USA

SHENANDOAH-NATIONALPARK
Virginia, USA

YOSEMITE-NATIONALPARK
Kalifornien, USA

Wälder der gemäßigten Zonen findet man in Klimaregionen mit vier Jahreszeiten, wo es weder extrem kalt noch extrem heiß wird und wo ausreichend Regen fällt. Vorwiegend befinden sich Wälder dieser Art auf der Nordhalbkugel.

AMAZONAS-REGENWALD
Der sicherlich bekannteste und weltweit größte tropische Regenwald

BOREALE NADELWÄLDER

Diese Wälder grenzen an die kargen, frostigen Weiten der nördlichen Polarregion. Boreale Nadelwälder sind die flächenmäßig zweitgrößten Wälder der Welt, denn sie bedecken große Teile Russlands, Kanadas, Alaskas und Skandinaviens.

GEMÄSSIGTE ZONEN

In dieser Vegetationszone gibt es meist Mischwälder aus Laubbäumen (wie Buche, Eiche, Ahorn oder Birke) und Nadelbäumen (wie Kiefer, Fichte oder Tanne).

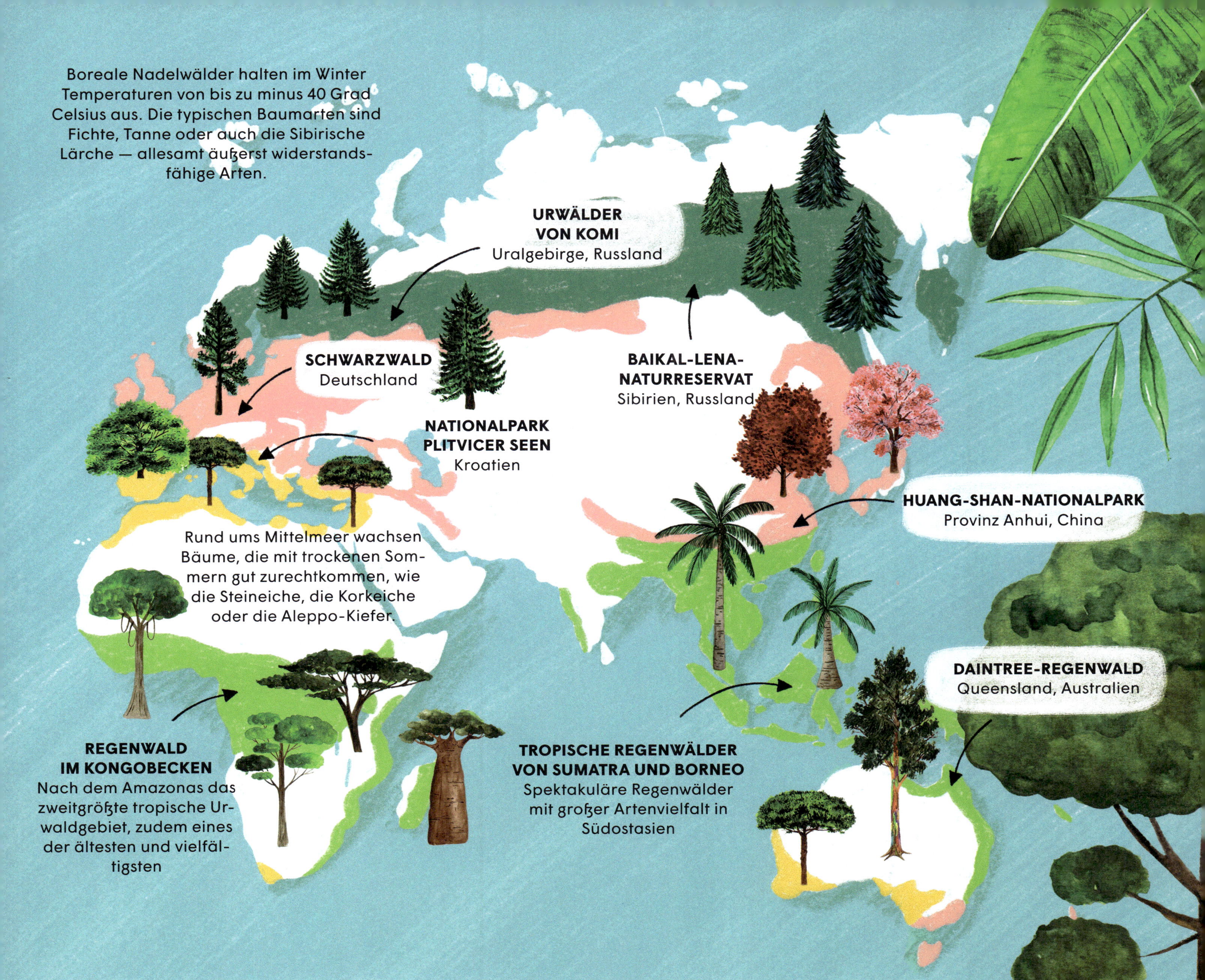

Boreale Nadelwälder halten im Winter Temperaturen von bis zu minus 40 Grad Celsius aus. Die typischen Baumarten sind Fichte, Tanne oder auch die Sibirische Lärche — allesamt äußerst widerstandsfähige Arten.

URWÄLDER VON KOMI
Uralgebirge, Russland

SCHWARZWALD
Deutschland

BAIKAL-LENA-NATURRESERVAT
Sibirien, Russland

NATIONALPARK PLITVICER SEEN
Kroatien

Rund ums Mittelmeer wachsen Bäume, die mit trockenen Sommern gut zurechtkommen, wie die Steineiche, die Korkeiche oder die Aleppo-Kiefer.

HUANG-SHAN-NATIONALPARK
Provinz Anhui, China

DAINTREE-REGENWALD
Queensland, Australien

REGENWALD IM KONGOBECKEN
Nach dem Amazonas das zweitgrößte tropische Urwaldgebiet, zudem eines der ältesten und vielfältigsten

TROPISCHE REGENWÄLDER VON SUMATRA UND BORNEO
Spektakuläre Regenwälder mit großer Artenvielfalt in Südostasien

MEDITERRANE WÄLDER

Man könnte meinen, diese Art Wald gäbe es nur an den Küsten des Mittelmeers, doch mediterrane Wälder gibt es an vielen Orten weltweit, nämlich in Gebieten mit trockenen, heißen Sommern und gemäßigten, feuchten Wintern, wie im Westen der USA und an der Südwestküste Australiens. Hier kommt es häufig zu Waldbränden.

TROPISCHE REGENWÄLDER

Diese vielfältigen und dichten Wälder mit hoher Artenvielfalt befinden sich in Äquatornähe. Die Jahreszeiten unterscheiden sich kaum, es herrschen hohe Temperaturen und es fällt sehr viel Regen.

BAOBAB, VATER VIELER SAMEN

Einer Legende zufolge galten die Baobabs, auch „Affenbrotbäume" genannt, einst als schönste Bäume auf Erden. Also schenkten die Götter ihnen ein besonders langes Leben. Doch die Baobabs waren hochmütig und wuchsen immer weiter Richtung Himmel. Aus Wut darüber rissen die Götter die Bäume aus und pflanzten sie verkehrt herum, mit den Wurzeln nach oben, wieder ein. Daher sehen die Bäume heute so merkwürdig aus. „Baobab" geht auf das arabische *bu-hibab* zurück, was „Vater vieler Samen" bedeutet.

Es gibt insgesamt acht Affenbrotbaumarten. Sechs von ihnen sind in Madagaskar heimisch, eine stammt aus Afrika und die letzte aus Australien. Affenbrotbäume sind besonders massig, sie wachsen in trockenen Gebieten und können große Mengen Wasser in ihrem Stamm speichern.

Adansonia grandidieri
Dieser mit dem Afrikanischen Affenbrotbaum eng verwandte Baobab fällt durch seine besondere Gestalt auf und wächst nur in den trockenen Laubwäldern Madagaskars.

Der bis zu drei Meter breite Stamm ist massiv und zylinderförmig. Er ähnelt einer riesigen Säule, an deren Spitze Äste eine flache Krone bilden. Der Baum kann bis zu 30 Meter hoch werden.

Diese Baumart hat weiße Blüten, die nachts blühen und mit ihrem aromatischen Duft viele nachtaktive Tiere (Bestäuber) anlocken, insbesondere Fledermäuse.

Das bekannteste Vorkommen des *Adansonia grandidieri* ist die „Baobab-Allee" — eine auffällige Gruppe dieser Naturgiganten, die eine unbefestigte Straße in Madagaskar säumen.

AFRIKANISCHER BAOBAB
(*Adansonia digitata*)

Der Afrikanische Affenbrotbaum ist ein wunderschöner und imposanter Baum — ein Riese der trockenen Baumsavanne südlich der Sahara.

Die Blätter sind wie bei der Rosskastanie fingerförmig gefiedert, das heißt jedes Blatt besteht aus mehreren kleinen Blättern — daher der lateinische Name *digitata*, was auf die Finger (lateinisch: *digitus*) der Hand verweist. In der trockensten Zeit des Jahres fällt das Laub ab und der Baum ist kahl. Die großen weißen Blüten hängen an langen Stielen herab.

Der Afrikanische Baobab ist von großer ökologischer und kultureller Wichtigkeit. Der massive Stamm kann bis zu 120.000 Liter Wasser speichern. Womöglich sind Baobabs deshalb so langlebig. Wenn die Savanne austrocknet, öffnen Elefanten die Stämme mit ihren Stoßzähnen, um an das Wasser zu gelangen. Die Früchte des Affenbrotbaums sind sehr ballaststoffreich und werden zur Herstellung von Fruchtsaft verwendet.

Der Baum wird an die 25 Meter hoch und sein massiver Stamm kann einen Durchmesser von bis zu zehn Metern erreichen.

AUSTRALISCHER BAOBAB (*Adansonia gregorii*)

Dieser robuste Affenbrotbaum ist in Australien beheimatet. Er hat einen dicken Stamm mit einem Durchmesser von bis zu fünf Metern. Allerdings wird er kaum höher als zehn Meter. In der Trockenzeit, im australischen Winter, wirft er seine Blätter ab. Im Frühling, während der Regenzeit, lebt er wieder auf und stellt seine prächtigen weißen Blüten zur Schau. Er wächst auf flachen Ebenen und in Flussbetten.

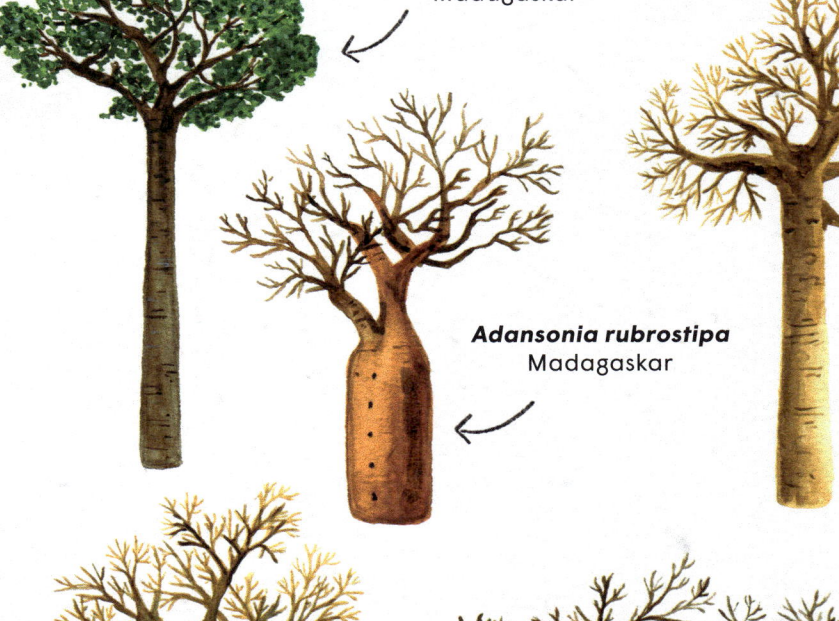

Adansonia madagascariensis
Madagaskar

Adansonia rubrostipa
Madagaskar

Adansonia za
Madagaskar

Adansonia perrieri
Madagaskar

Adansonia suarezensis
Madagaskar

Hier siehst du einige Pilzarten, die in Wäldern wachsen und in Symbiose mit den Bäumen leben. Was wir gewöhnlich als „Pilze" bezeichnen, sind allerdings nur die Fruchtkörper, die aus dem Boden sprießen. Unter der Erde breitet sich der eigentliche Organismus aus und verwirkt sich mit den Baumwurzeln. Diese Baum-Pilz-Symbiose findet man in gemäßigten Wäldern, bei Kiefern, Zedern, Tannen, Eichen oder auch Buchen.

Edel-Reizker
(*Lactarius deliciosus*)

Gemeiner Steinpilz
(*Boletus edulis*)

DAS UNTERIRDISCHE NETZ DES WALDES

Über den Erdboden wissen die allermeisten nur sehr wenig. Wir leben auf der Oberfläche und beachten die Erde unter unseren Füßen eigentlich kaum. Dabei gibt es im Waldboden eine hohe Artenvielfalt, die extrem wichtig ist für unser aller Leben: Kleinstlebewesen, Insekten, Pilze und Regenwürmer zersetzen organisches Material und sorgen so für fruchtbare Erde. Tief im Boden, zwischen den Wurzeln, erfüllen Pilze zudem eine besondere Aufgabe: Durch ein dichtes, fadenartiges Geflecht gehen sie eine Partnerschaft — man sagt „Symbiose" — mit den Bäumen ein.

MYKORRHIZA

Im Wald kommen Mykorrhiza, also Pilz-Wurzel-Geflechte, bei fast allen Pflanzen vor. In einigen gemäßigten und tropischen Wäldern können diese Geflechte mehrere Quadratkilometer groß werden und dringen bis tief in den Untergrund vor, wo das Myzel (das Geflecht aus Pilzfäden) mehrere Bäume derselben Art oder auch Bäume unterschiedlicher Arten umwächst. Das so entstandene Netzwerk ist ein biologisches Wunder und birgt noch viele Geheimnisse für die Wissenschaft.

Schätzungsweise gehen rund 70 Prozent der im Wald lebenden Pflanzen eine Verbindung mit Pilzen ein!

Fliegenpilz
(Amanita muscaria)

EINE UNSICHTBARE VERBINDUNG

Die Symbiose zwischen Pilz und Pflanze nennt man „Mykorrhiza". Das unterirdische Pilzgeflecht (Myzel), bestehend aus unzähligen Fäden, verbindet sich mit den Wurzeln, und beide Arten profitieren von dieser für uns unsichtbaren Partnerschaft.

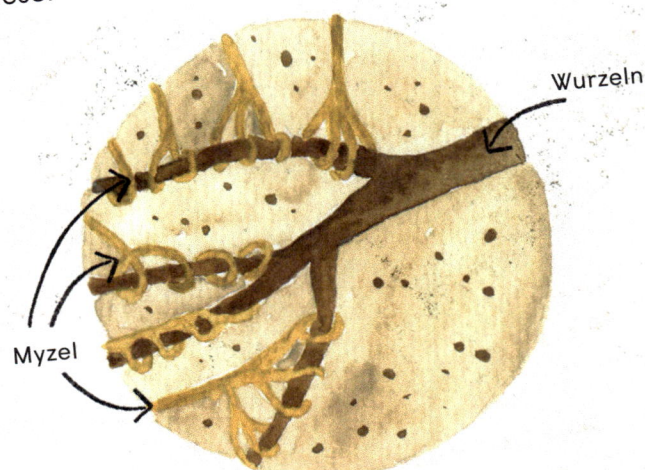

Wurzeln

Myzel

Der Pilz braucht den Zucker, den der Baum mittels Fotosynthese herstellt — ein Prozess, zu dem Pilze nicht fähig sind. Der Baum wiederum nutzt den Pilz als Verlängerung seiner eigenen Wurzeln, wodurch er mehr Nährstoffe und Wasser aus dem Boden aufnehmen kann. So kommt der Baum besser mit Trockenzeiten zurecht und lebt sogar länger!

Manche Mykorrhizapilze gehen eine für das menschliche Auge gänzlich unsichtbare Symbiose ein, indem sie in die Wurzelzellen eindringen. Diese Art von Pilzen findet sich vorwiegend bei krautigen Pflanzen.

Vielleicht hast du schon einmal gehört, dass die Bäume eines Waldes über Mykorrhiza-Geflechte miteinander in Kontakt treten. Dies konnte bisher jedoch nicht wissenschaftlich bewiesen werden. Vieles gilt es noch zu erforschen, um das Wohlergehen der Wälder zu fördern und zu erhalten.

DIE WÄLDER SCHÜTZEN

DIE BÄUME UND DAS KLIMA

Für das Leben auf der Erde sind Bäume enorm wichtig: Sie nehmen das klimaschädliche Gas Kohlenstoffdioxid (CO_2) auf und geben das Gas Sauerstoff (O_2) ab, das Menschen und Tiere zum Leben brauchen. Außerdem spenden Bäume Schatten und kühlen die Luft. Weil die Sommer durch den menschengemachten Klimawandel immer heißer werden, brauchen wir viele Bäume, auch in den Städten. Darüber hinaus halten Bäume mit ihren Wurzeln den Erdboden fest. So kann er nicht so leicht weggeweht oder weggeschwemmt werden. Das ist wichtig, denn ohne fruchtbaren Boden können die Landwirte keine Lebensmittel anbauen. Nicht zuletzt bieten Bäume vielen Tieren Nahrung und Unterschlupf. Damit sichern sie die Artenvielfalt auf der Erde.

BEDROHT

Bäume helfen uns dabei, den Klimawandel zu verlangsamen und erträglicher zu machen. Gleichzeitig macht der Klimawandel durch extreme Wetterereignisse den Bäumen zu schaffen, zum Beispiel durch heftige Stürme oder lange, heiße Sommer mit zu wenig Wasser. Viele Bäume verdursten oder werden geschwächt und anfällig für Schädlinge. Die Trockenheit begünstigt außerdem Waldbrände. So brennen jedes Jahr im Sommer viele Wälder ab, was den Klimawandel weiter anheizt.

Wo die Bäume verschwinden, sterben auch viele Tiere. Und die Menschen? Weil sie auf dem trockenen Boden nichts mehr anpflanzen können, verlassen sie ihr Zuhause und fliehen in Länder, wo es mehr regnet.

Obwohl die Probleme und Gefahren bekannt sind, werden weiterhin viele Wälder abgeholzt. Die Menschen brauchen das Holz, wollen Ackerbau betreiben oder Häuser bauen. Vor allem der fürs Klima so wichtige Regenwald rund um den Äquator wird immer kleiner.

WAS WIR TUN KÖNNEN

Damit Tiere und Menschen trotz des Klimawandels weiter auf der Erde leben können, müssen wir Bäumen und Wäldern helfen. Es gibt viel zu tun, zum Beispiel Wälder aufforsten und dabei auf Baumarten achten, die mit Hitze und Trockenheit besser zurechtkommen. Auch in den Städten müssen mehr Bäume gepflanzt werden. Damit die Wurzeln dort genug Wasser bekommen, setzen einige Städte auf das Konzept „Schwammstadt". Hier fließt das Regenwasser nicht in die Kanalisation, sondern versickert im Boden, sodass die Wurzeln es aufnehmen können.

Am allerwichtigsten ist es jedoch, dass wir kaum noch Kohlenstoffdioxid in die Luft blasen. Und das bedeutet: Solar- und Windkraft statt Kohle, Öl und Gas — Fahrrad, Bus und Bahn statt Auto, Flugzeug und Kreuzfahrtschiff.